Zwischen
Zeit & Raum

EMMA PAGE

ROSALIE DEVILLE. Zwischen Zeit & Raum. Gedichte

© SONNEN Werbung & Verlag, 2014
sonnen.ch

ISBN 978-3-9524167-5-4

milliewiesengross.ch / rosaliedeville.ch / plutotrawell.ch

Emma Page hat auch geschrieben:

ROSALIE DEVILLE. Der Geheimbund der Wahrheit. Band 1
ROSALIE DEVILLE. Zwischen Zeit & Raum. Gedichte

MILLIE WIESENGROSS. Von Kühen und anderen Exoten. Band 1
MILLIE WIESENGROSS. Kuhlinarische Geheimnisse. Band 2
MILLIE WIESENGROSS. Stammbäume und andere Früchtchen. Band 3

PLUTO TRAWELL. Am Rand des Universinns. Band 1

Hier ist der Schlüssel zum Versteck all der kostbaren Momente, die ich insgeheim für dich gespart und aufbewahrt habe. Ich träume davon, wie sie eines Tages ihren Weg ans Licht finden werden, damit du sie so erleben kannst, wie ich sie mir für uns beide ausgedacht habe. Meine Liebe währt immerfort.

In ewig dein,

R.D.

Die Gedanken

Meine Gedanken sind in ständiger Unordnung.
Manchmal schweifen sie einfach ab
oder machen sich selbstständig.
Oft suche ich nach dem besonderen Gedankenblitz
und genauso oft verliere ich meine Gedanken.
In Gedanken schlafe ich ein,
weil sie dann bei mir sind, wenn ich meine Ruhe haben möchte.
Es erfordert höchste Konzentration,
die Gedanken zu bündeln, zu interpretieren,
und manchmal lassen sie sich einfach nicht bändigen.
Es ist schwer, die Gedanken anderer zu verstehen,
es ist unmöglich, sie zu lesen.
Es erfordert Geschick, zwei Gedanken in Einklang zu bringen.
Es ist so viel Arbeit, sie in Ordnung zu halten.

Die Zeit

Ich würde gern die Zeit in Ordnung halten.
Ich würde die Wartezeit verkürzen.
Ich würde den Zeitvertreib vertreiben
und durch Freizeit ersetzen.
Ich würde genügend Auszeit planen
und die verpasste Zeit mit Zeitfenstern versehen,
damit ich jederzeit einen Blick darauf werfen könnte.
In Zeitlupe würde ich Glücksmomente ablegen
und Trauerzeiten ins Zeitalter der Dunkelheit verbannen.
Ich würde die Zeit hochschätzen
und ihre höchsten Momente zur Hochzeit erklären.
Und ab und zu würde ich eine Zeitenwende einbauen,
um zurückkehren zu können
und alles noch einmal neu zu erleben.

Das Vertrauen

Vertrauen ist etwas, das schnell verloren gehen kann.
Leider nützt es gar nichts, es zu suchen.
Man muss es gewinnen, sich verdienen
oder einfach haben.
Es wird viel zu oft missbraucht,
viel zu oft verschenkt, verweigert.
Es ist wertvoller noch als Liebe,
denn die Liebe nützt gar nichts ohne Vertrauen.
Wann aber ist jemand vertrauenswürdig?
Oder ist er nur vertrauenserweckend?
Und wenn das Vertrauen geweckt ist,
wie geht es mit der ersten Enttäuschung um?
Ist es stark und unerschütterlich?
Ist es zerbrechlich, weil es schon versehrt wurde?
Das Vertrauen wieder in Ordnung zu bringen,
ist fast wie ein Wunder zu vollbringen.

Wahrheit

Die Wahrheit

Meine Wahrheit braucht nicht real zu sein
und trotzdem stimmt sie.
Meine Wahrheit kann sich ändern.
Sie entsteht aus Träumen, Wünschen und Sehnsüchten,
vermischt mit Erfahrungen, Wissen und Werten.
Jede Wahrheit ist nur in ihrem Zusammenhang zu erkennen.
Jede Wahrheit hat ihr Gesicht,
ihre Verkleidung und ihre Tarnung.
Ich kann so vieles wahr werden lassen.
Ich versuche, mich nicht selbst zu belügen.
Ich versuche, die Wahrheit zu finden und nicht sie zu erfinden.
Wahr ist, dass ich mich bemühe.
Wahr ist, dass ich alles wissen möchte.
Wahr ist, dass ich mich täuschen lasse
und dass ich zu überzeugen bin.
Jemand sollte das für mich in Ordnung halten können.

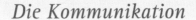

Die Kommunikation

So viel Potenzial an Unordnung,
so viele Möglichkeiten zu scheitern,
angreifbar zu werden.
Verständnislos, missverstanden,
lückenhaft, unpräzis,
einseitige Konversation, nonverbale Verständigung,
Blickkontakt und Interpretation.
Das ganze Ausmaß an Chaos ist nicht in Worte zu fassen.
Ich frage ... ich erkläre ... ich erkläre mir ...
ich erkläre mich ... ich verwirre ...
ich bin verwirrt und abgeklärt.
Ich will nicht verstummen.
Ich will alles sagen und gesagt haben und dafür steh ich ein.
Was davon verstanden wird und wie es verstanden wird,
kann ich nicht beeinflussen.
Ich schau meinen Worten meist nicht mehr hinterher.

Die Willenskraft

Meine Motivation basiert auf Lob und Erfolg.
Kritik kann meinen Willen nicht bestärken,
ich verfalle zu schnell in Resignation.
Und es braucht Willenskraft,
um im Gewitter als Blitzableiter zu verweilen,
am nächsten Morgen wieder aufzustehen
und zu versuchen, daraus zu lernen,
stärker zu werden,
den Zuckerguss abzuwaschen und weiter zu wollen.
Das, was die anderen von mir wollen, selbst zu wollen.
Die Kraft meines Willens ist abhängig
von den Launen meiner Antagonisten.
Ich zwänge ihn mir täglich auf
und halte ihn auf Abstand, wenn ich es erlauben kann.
Ich will sie dosiert einsetzen.
Ich will sie auf Vorrat sammeln.

Ich will.

Der Plan

Ich wünsche mir einen Plan,
eine Skizze oder auch nur einen Kompass für mein Leben.
Ich habe daran gearbeitet.
Vieles schon realisiert, anderes wieder verworfen.
Ich habe mich so oft nicht an meine Pläne gehalten,
dass ich es ohne probiert habe.
Ich habe meine Pläne anderen überlassen,
ich habe sie nach anderen gerichtet.
Wenn Gott einen Plan hatte, hat er sich daran gehalten?
Geschieht alles nach seinem Willen?
Mein Plan folgt meinem Willen nicht.
Warum sollte er?

Somit beschließe ich, an das Schicksal zu glauben
und an den unabänderlichen Lauf der Dinge,
die geschehen werden.
Ob mit oder ohne meinen Plan.

Das Urteil

Dass über mich sowie über jeden anderen
ständig geurteilt wird,
ist in meiner Vorstellung von Ordnung
so unvollkommen wie das Leben selbst.
Könnte man nur aufräumen
mit vorschnellen Entscheidungen und Fehleinschätzungen,
ich würde es tun.
Vorurteile sind härter als Strafen.
Beurteilungen nur für den Augenblick.
Ich versuche, nicht zu urteilen,
nur zu akzeptieren und zu verstehen.
Es ist nicht leicht.
Natürlich muss ich mich dann und wann festlegen
und Bewertungen vornehmen.
Aber ich bewerte lieber die Tat oder die Absicht.
Ich bewerte lieber zu hoch.

Ich erschaffe die Helden in meinem Leben.

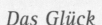

Das Glück

Wer's gesehen hat, weiß, dass es nicht verweilen kann.
Es ist zu beschäftigt.
Ich hab's versucht, gesucht und verflucht.
Es hat mich verwirrt und ausgelacht.
Ich hab ihm unterstellt, es würde mich verlassen.
Es hat mich nicht verlassen.
Es ist nur nicht immer treu.
Darf man das denn erwarten?

Warten ...
Die Dinge sind noch immer nicht in Ordnung.

Die Einsicht

Wenn ich mich umschaue, sehe ich die Dinge,
wie sie mir am wertvollsten erscheinen.
Einsicht hat nichts mit Einblick zu tun,
die Sicht auf die Dinge entsteht nicht
durch den bloßen Blick darauf.
Es liegt ein tieferes Sehen hinter der Einsicht.
Sie kann schmerzhaft sein und trotzdem heilen,
aber manchmal tötet sie die Dinge,
indem sie ihnen die wertvolle Erscheinung entzieht.
Einsicht lässt das Argument gewinnen – immer.
Nur wenige nehmen diesen unfairen Kampf auf,
darum gibt es wenig Einsicht.
Ich will die Dinge wertvoll erscheinen lassen,
den Schein wahren, bewahren
und die Argumente zwingen, sich dem Wert unterzuordnen.
Ich will den Blick schweifen lassen
und die Einsicht dazu bringen, sich zu wehren,
den Kampf zu einer lohnenden Aussicht auf Erfolg
werden zu lassen.

Sieh es ein, es bringt nichts,
sich den Zauber von der Seele zu argumentieren,
wenn Aussicht, Einblick und Einsicht
in verschiedene Blickrichtungen weisen.

Der Augenblick

Augenblicklich hab ich begriffen,
dass nichts mehr Wert ist, Sinn macht oder wahrer ist,
als der Augenblick, der die Dinge beinhaltet,
die mich glücklich machen.
Augenblicklich ist mir klar geworden, dass es das ist, was ich will.
Ich will den Augenblick erkennen und erleben,
und ohne ihn festhalten zu können, werde ich ihn behalten.
Als Schmuck, als Erinnerung, als Erfahrung.
Ich werde ihm Platz einräumen, Nischen bauen,
um ihm den gebührenden Raum zu geben.
Es gibt ihn, den Augenblick,
von dem ich nicht einmal geträumt habe,
den ich gar nicht in der Lage wäre zu erträumen.
Es gibt den Augenblick, der mich überwältigt.

Der Augenblick, der alles verändert hat –
Als mein Blick seine Augen traf –
Da augenblicklich war ich verliebt.
Und seither bin ich mutiger, glücklicher, verstörter.
Es ist klar, dass es ihn nur selten gibt,
dass er vergeht, dass er nur unerwartet wiederkehrt.
Ich sehe ein, dass er nicht bleiben will,
dass er sich Zufall nennt und Fluchtinstinkt besitzt.
Trotz allem liebe ich ihn.

Die Enttäuschung

Die schlimmste Erkenntnis ist die,
dass man es mit einer Täuschung aufgenommen hatte,
die sich nun demaskiert und offen feindselig
gegen einen wendet.
Die Täuschung selbst
hätte den Groll und die Demütigung verdient,
aber ihr war ich unkritisch und wohlwollend
gegenübergetreten.
Nun angesichts ihrer wahren Erscheinung
erkenne ich nichts mehr wieder
und die Verwirrung und der Schmerz darüber verraten es:
Die Enttäuschung hat mich getroffen.
Ich will sie nicht bei mir haben oder mit mir herumtragen,
mich gar mit ihr verbünden,
denn die Bitterkeit, die sie versprüht, ist giftig.
Leise und mit salzigen Tränen
wasche ich sie mir von der Seele.

Die Metapher

Wenn das Wort zum hinkenden Vergleich verkommt
und in seiner Aussage der Brisanz des Themas
nicht mehr gerecht werden kann,
kommt die Metapher ins Spiel.
Tapfer rettet sie das Wort aus seiner misslichen Lage,
baut ihm die Brücke über den Abgrund der Belanglosigkeiten.
Sie kennt sich aus in der Schönfärberei.
Ambitioniert kreiert sie dem Sang- und Klanglosen
ein buntes Kleid, um es bildnerisch ins rechte Licht zu rücken.
Ihr Anspruch ist das Übertragen
des sinngemäß zu erfassenden Wortlauts
in eine dem mit Schönheit verwöhnten Leser verständliche Sprache.
Die Metapher ist sich der Abhängigkeit des Wortes
von ihrer keineswegs selbstlosen Tat bewusst.
Eitel läuft sie zur Höchstform auf,
um sich Gehör zu verschaffen.

Derweil sieht das Wort bekümmert zu,
wie sein Inhalt zur Lüge wird,
und fühlt sich missverstanden.
Wo bleibt die Einfachheit, die Essenz,
die Relevanz?

Das Geheimnis

Prickelnd und funkelnd steht es mitten im Raum.
Mit angehaltenem Atem verfolge ich,
wie es sich unter die Leute mischt,
unscheinbar und doch ...
Es redet hier und da, es versprüht seine Funken.
Vorsicht, denk ich noch, die Leute lieben es.
Sie halten Ausschau nach ihm,
stürzen sich darauf,
sie zerpflücken es, und plötzlich
ist es nicht mehr, was es einmal war:
Ein Geheimnis.

Der Wunsch

Die Suche nach Erfüllung lässt ihn in den Mittelpunkt rücken.
Übermächtig will er weder über Preis noch Garantie verhandeln.
Sobald er einmal wach ist,
lauert er auf die Gelegenheit, sich zu opfern.
Leidenschaftlich gibt er sich der Offenbarung hin
und wartet sein Urteil ab.
Fällt das Urteil nicht zu seinen Gunsten aus,
ist er auf Bewährung
weiterhin frei, in den Gedanken zu schwirren.
Wird aber der Erfüllung stattgegeben, ergeht es ihm schlecht,
da er seine Legitimation nicht länger aufrechterhalten kann.
Leise stirbt er
und gibt seine Stellung an den nächsten Wunsch ab,
der unbarmherzig seinen Platz einnimmt.
Was von ihm übrig bleibt, ist im besten Fall ein „Wow",
wenn er sich ekstatisch in Wohlgefallen verwandeln konnte.
Andernfalls verschwindet er
mit den resignierten und ernüchternden „Najas" dieser Welt
in der Vergessenheit.

Die Liebe

Wie kann ich es wagen,
die Liebe in die Reihe der Dinge einzuordnen?
Aber sie ist nun einmal nicht in Ordnung.
Manchmal ist sie da im Überfluss
und ich kann sie nicht fassen,
nicht in Worte,
nicht als das, was sie sein sollte,
bedingungslos und ewiglich.
Sie verhält sich seltsam und fällt mir in die Arme,
wenn ich es nicht erwarte.
Aber nicht, wenn ich es kaum erwarten kann.
Nie kann ich sie erwarten.
Sie ist unberechenbar.
Und gerade das Warten macht es so schwer mit ihr.
Ich kann sie nicht halten,
nicht überzeugen zu bleiben, oder auch zu gehen,
wenn sie mir zu viel wird.

Ich möchte sie loswerden.
Nicht verschenken, nur in Obhut geben,
aber niemand hält es lange mit ihr aus.
Also klebt sie an jedem meiner Gedanken
und steht mir ins Gesicht geschrieben.

Die Leidenschaft

Ich halte so viel von ihr.
Das Leben wäre farblos ohne sie.
Aber warum in aller Welt hat sie sich dem Leiden verschrieben?
Was unterscheidet sie von der Glückseligkeit
oder der Erfüllung?
Na gut, sie ist halt ungezügelt,
meist wild und unaufhaltsam.
Muss sie daher mit dem Leiden einhergehen?
Ist es die Faszination eines bevorstehenden Dramas,
die mich mit Leidenschaftlichkeit ausstattet,
um mich, kampflustig und opferwillig zugleich,
in ein Dilemma laufen zu lassen?

Ich werde das Leiden, welches sie begleitet,
nicht länger beachten.
Es ist nur eine lästige Nebenwirkung.
Ich werde alle Mittel dagegen nehmen,
ich werde entleiden ... endgültig ... endlich.
Und leidenschaftlich daran festhalten!

Die Integrität

Ach du große Schande,
wer kann es denn mit so etwas aufnehmen?
Sie verlangt die fortwährende Übereinstimmung
der persönlichen idealistischen Werte
mit dem eigenen Handeln.
Ethik und Moral halten Händchen mit dem Gewissen
und das Bewusstsein soll sich versichern,
dass seine tiefe Überzeugung
sich zweifelsfrei in seinem Verhalten widerspiegelt.
Sie ist besorgt um die Unversehrtheit der Würde
und wendet tapfer die Angriffe gegen die Persönlichkeit ab.
Damit habe ich nicht gerechnet,
dass deine und meine Integrität sich plötzlich gegenüberstehen
und anfangen, sich gegenseitig zu verachten,
aus Gründen, die sie dazu zwingen,
Ereignisse zu verteidigen,
die sich ganz unbedacht und scheinbar harmlos
dem Sinn und der überzeugten Absicht entzogen haben.
Ich bin untröstlich.

Der Abstand

Er ist undefinierbar weit
und erstreckt sich über mehrere Aspekte.
Man kann ihn aber ungefähr einschätzen,
indem man die räumliche Distanz
mit der zeitlichen Trennung multipliziert
und durch die Anzahl der Augenblicke des Vermissens teilt.
Ich bin vom Mindestabstand ausgegangen,
habe aber vergessen, den Sicherheitsabstand einzuberechnen.
Damit habe ich den Höflichkeitsabstand
um einiges verkürzt und somit verfehlt.
Nun bin ich um Lichtjahre vom Ziel entrückt.
Der Abstand wird somit zur Entfernung,
die, objektiv betrachtet, so beabsichtigt ist.
Er muss entweder respektiert oder überwunden werden.
Aber sicher gibt es einen Zwischenraum,
in den ich mich zwischenzeitlich begeben kann,
bis zwischen Raum und Zeit die Dinge wieder
ihre phasenbedingte Position eingenommen haben
und der Lauf der Dinge ihre Bahnen neu berechnet hat.

Das Glashaus

Mit größter Vorsicht bewege ich mich,
um nichts zu zerbrechen,
was ich sorgsam und eigenhändig aufgebaut habe.
Nur für dich.
Ein Ort, wo es keine Schatten geben soll,
weil Glas alles durchlässt und nichts zurückhält.
Aber gerade das ist das Verhängnisvolle daran.
Bei jedem Schritt muss ich fürchten,
dass du anstößt.
Dass du den Raum nicht erkennst,
die feinen Wände zwischen den Bereichen:
Essen, Leben, Schlafen, Arbeiten.
Die Türen, die offen sind, oder gar nicht vorgesehen.
Und nun hast du dich verletzt
beim Absturz aus dem Zeitfenster,
das du zu spät entdeckt hattest.
Das Gewissen ist verstaucht und das Ego gebrochen.
Übel.

Aber ich habe an etwas Wichtiges gedacht.
Ich habe dir selbst den Stein mitgebracht,
der das Glashaus zum Einsturz bringen kann.
Wenn du es nicht mehr willst,
wirf einfach den Stein.

Die Hoffnung

Sie stirbt einfach nicht.
Dabei geht es ihr furchtbar schlecht.
Schwer verwundet klammert sie sich
mit letzter Kraft an jeden Schimmer,
den der Optimismus ihr entgegenstreckt.
Sie leidet.

Warum lässt sie nicht los?
Sie könnte sich von der Welle der Vernunft
einfach wegspülen lassen
oder ins offene Messer
einer verzweifelten Erkenntnis laufen,
denn im Schein der Realität
sieht es gar nicht gut aus für ihre Zukunft.
Doch sie schlägt alle Warnungen in den Wind,
kämpft bis zum bitteren ... Ende?
Nein, eben nicht, sie will ja nicht aufgeben.
Sie ist einfach nicht totzukriegen.

Die Vernunft

Vorwurfsvoll erscheint sie immer wieder
am Rand des Ausuferns und klagt:
„Niemand hört mir zu.
Warum meinen alle, sie wüssten es besser?
Warum muss ich mich mit Ausnahmen, Ausreden
und außerordentlich uneinsichtigem Verhalten aufhalten?"
„Sei nicht beleidigt", sagt die Unbekümmertheit,
die bereits fühlt, wie das Wasser ihren Hals umspült.
„Du bist eben nicht so beliebt, wie es scheint.
Sie alle schmücken sich gern mit deiner Zuverlässigkeit
und deine Seriosität hat einen guten Ruf.
Aber, du bist so kleinlich.
Warum bist du so streng, so humorlos?"
Die Vernunft sieht sie fassungslos an.
„Kleinlich?", entgegnet sie.
„Wer wird dich denn retten, wenn du den Boden verlierst?
Die Unschuld ganz sicher nicht.
Du kannst dich nur noch an die Reue wenden
und die Verzeihung bemühen, dich wieder zu rehabilitieren.
Aber es wird immer ein Unbehagen geben,
das nachtragend deine Fehler ans Licht bringt.
Und glaub mir, ‚Wenn' und ‚Aber'
sind nicht die richtigen Freunde für dich."

Die Immunität

Allein der Glaube, du könntest immun sein
gegen all die infektiösen Angriffe, gegen die winzigen
und pieksenden Stiche an deiner Seele, reicht nicht aus.
Es lässt mir keine Wahl, dich trotzdem zu impfen.
Der Glaube, es könne dir nichts von all dem etwas anhaben,
ist tröstlich und doch ...

Ich wünschte, du hättest einmal dieselben fiebrigen Träume durchlebt,
die, in denen sich die Handlung im Kreis dreht
und die Farben viel zu bunt sind.
Einen Moment lang lassen sie dich
in schwindelerregenden Wellen versinken
und die Emotionen peitschen mit kräftigen Hieben auf dich ein.
Der Zustand ist unbeschreiblich,
nicht tödlich, aber kritisch.
Nicht leidvoll, aber intensiv und ekstatisch.
Und dann, wenn du es überstanden hast, bist du geheilt.

Doch du bist frei von Symptomen
und ich glaube, du bist sicher davor.
Also mach dir keine Sorgen.
Wenn du noch nicht infiziert bist,
dann kannst du mit Gewissheit sagen,
dass du immun bist.

Die Wertschätzung

Wie viel Wert hat meine Seele,
wie viel meine Gedanken?
Was schätzt du, haben sie wert, wenn ich sie verschenke?
Wie hoch liegt der Schätzwert eines Herzen,
eines gerissenen, gebrochenen
oder fahrlässig offengelassenen Herzen?
Hast du dich umgesehen?
Sieht es verwüstet aus, geplündert?
Hast du etwas mitgenommen, als du darin warst,
als Gegenwert für deine Anwesenheit?
Oder wolltest du etwas dalassen,
als Zeichen deiner Wertschätzung?

Reden ist Silber ...
Und ich werde endlos mit Gold überschüttet.

Die Langeweile

Nur eine kurze Weile halten wir sie aus,
die Langeweile.
Sie hat sich leise zwischen uns gedrängt
und damit die Worte, die den Platz füllen sollten, verdrängt.
Sie übersetzt alles falsch.
Das hab ich nicht gemeint, gesagt.
Was hast du gesagt? Was hast du verstanden?
Ich habe nichts gesagt.
Du hast nichts verstanden.
Wir haben uns gelangweilt
und es dauerte eine kurze Weile
bis ich sie erkannt habe ... zwischen uns sitzend.

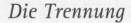

Die Trennung

Es gibt nur einen Grund für die Trennung:
Wir können unmöglich zusammen sein.
Ich bedauere es sehr.
Nimm du die Erinnerungen,
ich behalte die Gefühle.
Wir teilen alles auf und verstauen es,
damit Platz geschaffen wird für die Zukunft.
Mach es mir nicht so schwer,
hättest du mich geliebt, hätte ich dich behalten,
hätte ich dich behalten –
hättest du mich nicht mehr geliebt.
Sieh es ein, wie auch immer es jetzt endet,
es endet.

Die Vergessenheit

Es ist nichts mehr da.
Die Zündung streikt,
der kleine Funke – Fehlanzeige.
Wie war die Nummer, das Datum, der Name?
Um mich herum nur Dunkelheit.
Mein Gedächtnis wird zum Vergessnis.
Warum ist nichts mehr da,
warum geht es verloren? Wo geht es hin,
wenn es mir entwischt?
Passiert es absichtlich oder bin ich zu unbedacht?
Es sind die begrenzte Kapazität,
die überragende Priorität,
die wiederkehrende Intensität
und die übermächtige Kontinuität dessen,
was sich in mir abspielt.
Sie überschatten alles andere und stürzen es
in eine tiefe Vergessenheit.

Die Preisfrage

„Was ist los?", fragt der Profit. „Wann
hab ich dieses Los gezogen?"
„Es gibt nichts zu gewinnen", sagt das Los trostlos.
„Neuerdings wird über den Freundschaftspreis verhandelt."
„Was kostet ein nettes Wort?", fragt der Profit. „Wann
lohnt sich eine Investition?"
„Reicht es nicht, wenn ich Interesse verschenke?", fragt
das Los. „Was ist mit Aufmerksamkeit?"
„Die kannst du schon mal als Anzahlung leisten",
gewährt der Profit auf Kredit.
„Hat doch alles keinen Zweck", sagt das Los
und ziellos verliert es an Wert.
Sein einnehmendes Wesen erwirkt keinen erlösenden Erlös.
„Du meine Güte", sagt der Profit. „Ein wenig mehr Würde
würde dir gut tun. Sieh dich an: Mutlos und losgelöst
stehst du da - nicht gerade das große Los, wenn du mich fragst."
„Verbindlichen Dank", antwortet das Los. „Nun werde ich
mein Ansehen einmal ansehen und zusehen,
wie ich wieder Land gewinnen kann.
Nichts für Unkosten, mein Freund, der Freundschaftspreis
ist heiß, aber leider entgelt mir der Gehalt."
„Guten Zahltag", wünscht der Profit und stiehlt sich davon.

Die Probezeit

Vor kurzem habe ich eine Geduldprobe eingereicht.
Sie wurde auf Herz und Nieren getestet
und für positiv befunden.
Das Herz hat einen leichten Überschuss an Geduld,
was jedoch an die Nieren gehen kann.
Die Auswirkungen sind latent geschwindelte Wortschwalle,
die zur Trans- und Inspiration anregen.
Verordnet bekam ich, man mag es kaum glauben,
eine erhöhte Dosis Geduld.
Hinzu kommt, dass ich die dringend benötigte Mutprobe,
nicht erhalten habe.
Eigentlich brauche ich nur wenig davon ...
eine Kostprobe höchstens.
Ich wüsste gern, warum sie so schwer erhältlich ist.
Nun denke ich über eine Stichprobe nach.
Sie sollte hieb- und stichfest sein.
Stichwunden sind meistens tief,
deshalb wird nur sporadisch gestochen.
Ein falscher Stich und der Mut sinkt,
bis die Geduld am Ende ist.
Die Probezeit ist furchtbar.

Das Fazit

Es wird alles klar.
Mit dem Fazit wird der Wechsel zur Meta-Ebene vollzogen.
Dort werd ich bleiben, mich einrichten
und den Ausblick auf die Zukunft genießen.
Die allfälligen Fragen, die außer Acht gelassen wurden,
sind nicht relevant,
wenn die zentrale Aussage ihren Dienst tut.

... es ist nur der Schlusssatz, der mich irritiert.

Emma Page
lebt mit ihrer Familie in Nizza und in Bern.
Neben ihrer Tätigkeit als freie Werbetexterin schreibt
sie verschiedene Kinder- und Jugendbücher.
Als leidenschaftliche Sammlerin von sinneswandelnden Bildern und
fantastischen Ideen sucht sie auch immer nach neuen Wörtern, die
sie sich oftmals selber ausdenkt. Wenn sie nicht schreibt, beobachtet
sie die Welt aus unterschiedlichen Perspektiven und Winkeln.
Da hilft es auch, wenn man ab und zu den Standort wechselt.
Am Meer ist die Luft klar, dafür die Sprache undeutlicher. Das
schärft die Sinne – ein guter Ansatz für neue Geschichten, findet sie.

🐦 *twitter.com/hi_emmapage*   f *facebook.com/hi.emma.page*